VOYAGE

AUX ÉTATS-UNIS DE L'AMÉRIQUE

EN 1831.

VOYAGE

AUX

Etats-Unis de l'Amérique

EN 1831.

Par P. Forest.

LYON,

IMPRIMÉ CHEZ J. PERRET, RUE ST-DOMINIQUE, N. 13.

1834.

AVANT-PROPOS.

Encore un voyage........et un voyage aux États-Unis. Quel homme n'a ouï parler de cette terre classique de la liberté, illustrée par Franklin, affranchie par Wasinghton?

Les écrivains politiques ne nous ont rien laissé ignorer sur l'établissement des États-Unis, sur leur émancipation, sur le gouvernement général de la république, sur le gouvernement particulier de chacune de ses provinces, sur ses lois, son commerce et sa population. — Les géographes, les naturalistes et les voyageurs ont longuement décrit ses diverses régions, ses montagnes, ses fleuves et les animaux qu'on y trouve, les reptiles dont plusieurs parties sont infestées; enfin les diverses peuplades de cette contrée, et les hordes sauvages qui vivent dans son sein, ou qui l'avoisinent.

Pour moi, je n'ai voulu présenter que ces détails de la vie ordinaire, que ces tableaux des mœurs et des habitudes privées, si recherchés de nos jours et trop souvent dédaignés des savans.

Je n'ai point composé cet opuscule à l'aide de renseignemens étrangers, je n'ai parlé que de ce que j'ai vu de mes propres yeux. Je n'écris que pour le commun des lecteurs, et si j'entre accidentellement dans quelques détails politiques ou géographiques, ils sont fort courts et fort intelligibles, et destinés seulement à rappeler ces faits à ceux qui les auraient oubliés, ou à en donner une idée à ceux qui ne les connaîtraient pas.

❋

VOYAGE

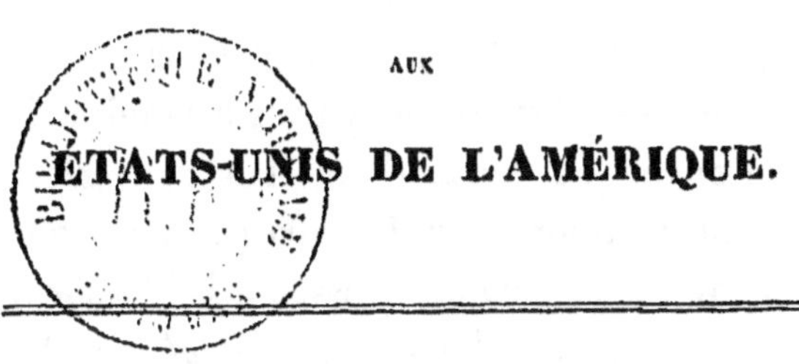

AUX

ÉTATS-UNIS DE L'AMÉRIQUE.

CHAPITRE PREMIER.

DÉPART DE ROANNE. — COMPOSITION DE LA DILIGENCE, MOULINS, NEVERS, BRIARRE.

C'est le 3 mars 1831 que je montai en diligence pour me transporter de Roanne (département de la Loire) à la Nouvelle-Orléans (États-Unis d'Amérique).

La composition de notre diligence offrait un tableau si curieux, que je crois devoir le donner au lecteur.

J'occupais dans le coupé la place du milieu, ayant à ma gauche un Lyonnais podagre, dont la figure bourgeonnée, le nez *trogneux* et surmonté d'une énorme paire de besicles, présentaient un aspect fort grotesque ; à ma gauche était une jeune personne que l'homme aux lunettes appelait sa femme, et que j'aurais volontiers prise pour sa demoiselle. — Si d'un côté j'avais à respirer la forte odeur du tabac dont était couvert le mouchoir enfumé du Lyonnais, ainsi que le jabot de sa chemise plissée à la Voltaire, de l'autre j'étais bien dédommagé par les odeurs musquées qui me venaient de ma voisine de gauche, laquelle se passait successivement sous le nez une demi-douzaine de flacons à la rose, à la violette, à la bergamotte, etc. Sur le soir, le bon Lyonnais jugea prudent de me céder la place dans l'angle du cabriolet, pour ne pas abandonner les genoux de sa chère moitié.

L'intérieur de la diligence était occupé par un jeune Parisien ayant la figure et le caractère facétieux de Roquelaure : il fit constamment les frais d'une conversation enjouée et intarissable. A ses côtés étaient deux religieuses à qui il apprit les paroles et l'air de la Parisienne. — La banquette du fond était agréablement tapissée d'une grosse douairière déja sur le retour. Elle payait, outre sa place et celle de sa suivante, une troisième place pour son épagneul, et un perroquet dont le caquet, mêlé à celui du Parisien, faisait un bruyant charivari, en même temps qu'un écureuil faisait la roue sur le cachemire moelleux de notre veuve.

Le lendemain, arrivés à Moulins sur les neuf heures du matin, nous déjeunâmes à l'hôtel des diligences où nous reçûmes la visite de jolies marchandes qui vinrent nous présenter avec beaucoup de grace un assortiment complet de ciseaux, de couteaux, et autres ouvrages de cette espèce, échantillons choisis du genre d'industrie auquel on se livre dans cette ville. A Nevers, la Charité, à Cosne et à Briarre, ce furent des ouvrages en perle très délicatement faits. C'est de la dernière de ces villes, que part le canal qui joint la Loire à la Seine.

Le 6 mars à huit heures du matin, le soleil en se levant fit briller à nos yeux le dôme doré des Invalides ; nous découvrîmes en même temps la colonne Vendôme, les tours élevées de Notre-Dame, le dôme du Panthéon ; à notre gauche les pavillons monotones de Bicêtre ; puis cette immense et puissante cité dont l'apparition fait sur ceux qui ne l'ont point vue encore, la même impression que celle d'un nouveau monde.

CHAPITRE II.

ARRIVÉE A PARIS. — TABLEAU DE CETTE CAPITALE. — LE PALAIS-ROYAL. — BEAUTÉ ET RICHESSE DES MAGASINS. — LES PARISIENS NOUS SERVENT AVEC UNE RARE CÉLÉRITÉ ET UNE POLITESSE EXQUISE. — BEAUTÉ DES MONUMENS, DES PLACES PUBLIQUES, ETC. — BEAUX-ARTS, SCIENCES ET LETTRES.

Nous étions dans Paris, je jetais de toutes parts des yeux avides de tout voir. C'est un spectacle curieux que cette multitude de personnes qui courent dans tous les sens d'un air affairé, sans donner la moindre attention à ce qui se passe autour d'elles; que ce grand nombre de voitures qui roulent avec bruit et avec tant de célérité, qu'elles semblent devoir écraser tout ce qui se rencontrerait sur leur passage. — A peine eus-je pris, à l'hôtel où je m'étais rendu, quelques heures de repos, qu'après avoir quitté mes effets poudreux de voyage, je sortis pour commencer mes observations.

Oserai-je l'avouer, je ne trouvai point Paris tel que je me l'étais figuré, et tel que se le figurent généralement les habitans de la province. Je m'attendais à voir des rues parfaitement alignées, des maisons de hauteur égale et d'une construction élégante. Je me trouvai dans des rues fort larges à la vérité, mais le plus souvent tortueuses et traversées par des ruelles (il faut en excepter celles de construction moderne, comme Rivoli, Castiglione, La Paix, etc.). Le voisinage d'un hôtel magnifique est déparé par des bicoques. Tout ce que la beauté a de plus distingué s'y voit à côté de tout ce que la laideur a de plus repoussant; l'extrême pauvreté à côté de l'extrême richesse. Dans les mêmes rues vont ensemble, se pressent, se croisent d'élégans fashionables et des malheureux en lambeaux, de riches équipages, des voitures de place et des charrettes. Il faut avouer que ces disparates ont quelque chose qui peut intéresser le philosophe, mais qui choque l'homme de goût. — Je me fis indiquer le chemin du Palais-Royal, cet élysée des provinciaux. J'arrivai, par la cour d'honneur, à la galerie dite d'Orléans. — Comment peindre l'impression que font sur l'étranger la magnificence d'une architecture toute nouvelle pour lui, l'élégance de tant de magasins qui se disputent la préférence des acheteurs, et enfin tant de richesses entassées dans ces vastes galeries marchandes? J'eus à admirer les mêmes choses dans les passages Vivienne, Colbert, Véro-Dodat et autres, sur les boulevards et dans un grand nombre de rues. Je fis diverses emplettes et fus servi avec une rare discrétion et une politesse exquise. Je retrouvai les mêmes manières dans les cafés, dans les restaurans, et en général, chez toutes les personnes avec qui j'eus quelques rapports, et cette cité me rappela tout à la fois Corinthe par ses richesses, Athènes par sa civilisation.

Je consacrai les jours suivans à la visite des principaux monumens de Paris. Les amateurs d'architecture grecque vont admirer le Panthéon, le Louvre, l'église inachevée de La Magdelaine, celle de Bonne-Nouvelle et de Notre-Dame de Nazareth. Comme j'allais visiter ces deux dernières, je me trouvai inopinément sur une belle place, au milieu de laquelle était un édifice, dont l'aspect éblouit.

Qu'est-ce que cela, demandai-je, tout émerveillé, à un officier qui m'accompagnait? C'est, me répondit-il, le temple du seul Dieu qu'adorent aujourd'hui les Parisiens, du Dieu de l'argent; c'est ...... la Bourse.

Ceux qui se complaisent aux souvenirs religieux du moyen âge, vont rêver dans la cathédrale de Notre-Dame et dans les deux Saint-Germain. Ceux qui aiment à réveiller en eux la mémoire du grand siècle, se plaisent à porter leurs pas sur la place royale des Invalides, et dans cet hôtel, séjour silencieux des héroïques débris de tant de batailles. J'examinai avec vénération les membres mutilés des braves de tous les temps. Ils aiment à contempler ces nobles Tuileries, leur beau jardin, et ce vaste Champ-de-Mars, dont parlent avec enthousiasme les hommes de 91, et à l'arrangement duquel les femmes ellesmêmes voulurent concourir; enfin, les admirateurs de Napoléon citent avec orgueil les ponts d'Austerlitz et d'Iéna, les rues de Castiglione et de Rivoli, et la colonne de la place Vendôme.

C'est dans une des salles du Louvre et dans

la galerie qui joint ce palais aux Tuileries, que je pus admirer les chefs-d'œuvre des grands peintres de toutes les écoles, et des premiers sculpteurs de tous les pays et de tous les âges. Paris rappellerait ainsi la magnificence de Rome, si ses monumens ne se trouvaient trop souvent établis sur des places étroites ou irrégulières, et s'ils n'étaient écrasés ou dépassés par les édifices voisins. — Cette ville n'est pas seulement le séjour du luxe et des beaux-arts, elle est aussi celui des sciences et des lettres. Les cours y sont fort nombreux et les chaires très multipliées. A ce mot de chaire, je m'étais figuré un certain appareil : quel fut mon désappointement de voir un professeur modestement assis sur une chaise et dominé par ses auditeurs, assis sur des gradins disposés en amphithéâtre! J'ai vu à des cours de langues orientales cinq et six auditeurs, et à des cours de lettres ou de sciences, de mille à quinze cents.

CHAPITRE III.

SUITE DU CHAPITRE PRÉCÉDENT. — THÉATRES DE PARIS : LE GYMNASE DU COLONEL AMOROS. — LA VOITURE DU SACRE DE CHARLES X, MÉTAMORPHOSÉE EN OMNIBUS. — PROMENADE AU PÈRE LACHAISE, ETC.

Paris est une ville de plaisirs et de jouissances pour qui peut en faire les frais. On y est servi avec une dextérité, une activité, un agrément enfin que l'on retrouverait difficilement ailleurs.

J'avais ouï dire des merveilles des théâtres de cette ville ; je me résolus donc de les voir tous, en commençant par les Français. Dès le matin, je lus sur l'affiche de ce dernier théâtre, *Phèdre*, *Antony*, *drame*. Quelles douces émotions réveilla dans mon ame le nom de la première de ces pièces que j'avais lue tant de fois !

Sur le soir je me rendis de bonne heure au théâtre, et déja la queue était fort longue. Enfin je suis dans la salle, la toile se lève et l'on commence. Je ne dirai rien de cette représentation que l'on ne daigna pas siffler, si ce n'est que depuis le premier vers jusqu'au dernier, un vieillard rouge de colère, que je reconnus pour un habitué, ne cessa d'invoquer l'ombre de Clairon, de Lafont, de Larive, de Talma et je crois même de la Duchesnois. Ce serait là le cas de parler de la pièce dont la représentation suivit celle de Phèdre, et qui fut accompagnée d'applaudissemens à tout rompre, de cris et de trépignemens de pied : je n'en dirai rien par la raison que je ne connais pas la poétique de ces sortes de productions.

Une exagération de passions sous le nom d'énergie, une teinte mélodramatique, une certaine monotonie de moyens et de faits, le meurtre, le viol, l'adultère et l'incendie, voila ce que j'ai cru trouver dans presque tous les drames représentés sur les théâtres de Paris.—Parmi celles des productions qui attiraient la foule, je dois mentionner l'histoire de Napoléon, donnée au cirque de Franconi. Cette pièce était à sa quatre-vingtdixième représentation Que de cris, que d'applaudissemens, que de larmes à la représentation de ce drame immense dont la destinée avait été le poète! Je terminai mes visites par l'Opéra et les Italiens. Au premier de ces théâtres, je fus émerveillé de l'effet des décors, de la légèreté et de la grace des danseurs.

Un certain jour je fus agréablement surpris de voir venir à moi un officier de la garnison, mon ancien frère d'armes, que j'avais connu en 1825, à Barcelone (Catalogne); il était attaché momentanément au Gymnase Amoros, il y allait, je l'y accompagnai.

Arrivé là, je contemplai ces mâts arrondis, ces échelles de cordes, ces balanciers aériens dont un champ en entier était rempli. J'examinai, non sans effroi, ces nouveaux acrobates tantôt suspendus en l'air, tantôt grimpant à l'aide d'un câble noueux, apprendre à se casser le cou, sinon par brevet d'invention, du moins par principes. Après un dîner frugal mais abondant, pris dans une cantine de l'école, je pris congé de mon officier pour m'en retourner en ville.

Déja le soleil se cachait derrière les avenues qui couronnent le Gymnase, lorsque le bruit d'une voiture qui venait derrière moi, me fit brusquement ranger de côté : m'étant assuré que c'était bien un omnibus, je pris place dans l'élégante voiture qui, quelques années auparavant, avait servi à l'ex-roi Charles X, lors de son sacre. Émerveillé de cette rencontre, qui me fit faire bien de sérieuses réflexions, je m'enfonce dans le duvet des coussins moelleux du brillant équipage. J'admirais la richesse de la draperie, quoiqu'à la vérité on eût fait disparaître les glands d'or massif auxquels se balançait négligemment sa majesté déchue. Deux chevaux énormes, sortis des gras pâturages du pays de Caux, traînaient la somptueuse litière à laquelle étaient attelés naguère huit coursiers fougueux qui, d'un pas rapide, parcouraient en trépignant les divers quartiers de Rheims.

Les fleurs de lis et les diverses armoiries de l'ex-famille régnante, avaient disparu du pourtour de cet omnibus, pour faire place à ces mots : 27, 28, 29, *Service de la porte St-Martin à la Bourse.* Je rentrai chez moi pénétré des idées diverses qu'avait fait naître en moi une rencontre si singulière.

Après avoir admiré les palais dorés des vivans, somptueuse demeure de la fortune, je voulus voir le triste asile de nos dernières dépouilles mortelles.

Ce même cimetière du *Père Lachaise*, que je visitai à mon retour, c'est-à-dire vers le mois d'août de la même année, fit sur moi des impressions bien différentes.—Alors les bois des différens arbustes étaient feuillés; l'ombre de leur feuillage touffu invitait à prendre du repos, et ne semblait plus un séjour des morts, mais un parterre émaillé de fleurs de toute espèce.

Chaque pas que vous faites varie le coup-d'œil à l'infini : ici c'est un labyrinthe dont les détours sinueux vous égarent; là c'est une côte fort élevée à laquelle on arrive par des sentiers tracés en zig zag, et sur laquelle sont les plus beaux monumens, qui offrent un point de vue très pittoresque; de là on domine une partie de la capitale, dont on découvre les principaux quartiers.—Pour visiter les nombreux monumens où gîsent, à l'ombre des cyprès, tant d'illustres victimes de la Parque cruelle, vous êtes obligé d'écarter de la main les branches ramifiées des arbustes qui ombragent les tombes; des bancs de gazon ou taillés quelquefois dans le rocher, dans les veines duquel s'entortillent et grimpent la viorne et le chèvrefeuil, invitent de loin en loin les promeneurs à s'asseoir. Tantôt vous marchez à travers une allée couverte d'un sable fin et éblouissant; tantôt vous foulez sous vos pieds la pelouse à laquelle se marient le thym et le romarin agrestes. La place, qui avoisine la grille d'entrée du Père Lachaise, est garnie d'équipages plus ou moins brillans, qui attendent les élégans promeneurs qui affluent de toutes parts.

CHAPITRE IV.

FONTAINE DE L'ÉLÉPHANT. — JARDIN DES PLANTES. — LA GIRAFFE. — DÉPART DE PARIS, ROUEN. — ARRIVÉE AU HAVRE DE GRACE. SÉJOUR SUR CE PORT DE MER.

La veille de mon départ de la capitale, je pris un tilbury de remise et ordonnai de fouetter vers la Bastille, passant devant l'hôtel du ci-devant papa Desnoyer, célèbre par les orgies de toute nature qui s'y font.

Arrivé sur la place de la Bastille, j'examinai le colosse que la main de l'homme a érigé tout récemment. C'est un éléphant d'une grandeur prodigieuse qui doit servir et de monument et de fontaine : sur son dos volumineux est construit une tour qui remplace avantageusement un belvédère, et éclaire l'intérieur de cet animal gigantesque dans lequel on s'introduit par le moyen d'un escalier pratiqué dans une de ses pattes. — Près de là, je traversai la Seine pour me rendre au Jardin des Plantes où, entr'autres curiosités, je vis la giraffe. C'est vraiment un animal fort singulier. La giraffe aime les hommes, elle est extrêmement douce, elle consomme par jour le lait de trois vaches qui reposent à ses côtés. Pendant trois saisons de l'année, son appartement est réchauffé par un poële dont le calorique est conservé toujours au degré des climats d'où elle est indigène. — C'est le 12 mars que je quittai la capitale pour prendre la route du Hâvre qui en est à cinquante-cinq lieues. Rouen, si renommé par ses articles sous le nom de *rouenneries*, se trouve sur la même route, et à trente lieues de Paris. Grande, bien peuplée et très commerçante, l'on y compte 90,000 habitans ; elle est en général mal bâtie, mais les environs et les promenades sont magnifiques, avec des sites et des points de vue très pittoresques.

J'arrivai au Hâvre le 13 mars au soir. Cette ville est agréablement située à l'embouchure de la Seine, et compte 30,000 habitans. On y remarque les bassins qui entourent la ville, les phares et les arsenaux. Dans les environs, la côte du faubourg d'Ingouville est charmante. Le flux et reflux de la mer, dont profitent les bâtimens pour entrer ou sortir des bassins, attire les curieux. Honfleur, si renommé pour la bonté de ses coquillages et poissons, n'en est qu'à deux lieues que l'on fait sur des chalands à vapeur qui partent tous les matins. — Je ne séjournai que peu de jours au Hâvre-de-Grace, au bout desquels je m'embarquai sur le *Jonh-Haller*, trois-mât américain de la force de 400 tonneaux : c'est ici que va commencer la relation de ma traversée.

« Du Hâvre à la Nouvelle-Orléans, l'on « compte 90 degrés de longitude. En admet- « tant vingt lieues par degré, cela nous donne « dix-huit cents lieues, mais non compris les « degrés de latitude que l'on est obligé de « faire par vents contraires ; ce qui suppose « que, par un vent debout, pour arriver à « votre destination, vous êtes souvent obligé « de virer de bord, ou autrement dire, de « louvoyer de telle sorte que seulement la « moitié du chemin que vous faites alors

« vous compte. Cependant les degrés de « longitude ne sont pas égaux sur tous les « parallèles. Ils diminuent à mesure qu'ils « se rapprochent du pôle.

CHAPITRE V.

EMBARQUEMENT A BORD DU JONH-HALLER (*Américain*). — DÉTROIT DE LA MANCHE. — MAL DE MER. — DÉTAILS CURIEUX SUR LECOQ, CUISINIER DU VAISSEAU. — CHUTE A FOND DE CALE.

Notre navire appareilla le 17 mars au matin. Sur les deux heures nous pûmes sortir des bassins du Hâvre. Protégés par le reflux de la mer, nous fûmes bientôt au large. A peine avions-nous fait dix milles dans la Manche, que j'éprouvai de violentes nausées. Au fur et mesure que nous avancions dans le détroit, le vent fraîchissait et la mer devenait plus houleuse, le roulis du bâtiment était pour lors plus sensible : aussi fis-je corps neuf au moins sept ou huit fois. Le soir je descendis dans la chambre du capitaine pour prendre quelque nourriture ; mais quel soulève-cœur de voir une table garnie de tranches de jambon fumé et cuit dans le salpètre, à côté des rôties de pain grillé et recouvertes d'un beurre fondu depuis au moins dix-huit mois! Des maquereaux salés à n'oser y mettre les dents, du riz cuit au naturel et que l'on servait avec une sauce de mélasse, le tout assaisonné de force thé. Si vous ajoutez à cela une forte odeur de goudron que l'on respire à plein nez, vous aurez une idée de l'art culinaire à bord d'un américain.

Passons à notre cuisinier. C'était un nègre sale, enfumé, dégoûtant, aux cheveux crépus, au nez aplati, originaire du *Congo*, désigné sous le nom de *Cooq*. Il était assez bon diable, mais ivrogne comme tous ceux de sa couleur; lorsqu'une bouteille lui tombait sous le nez, il ne lâchait prise que lorsqu'elle était entièrement vidée; ce qui ne lui arrivait que trop souvent, ainsi qu'au mousse, son digne élève, au point que je craignis un instant qu'ils ne nous missent à la soif. Sa tête était ordinairement coiffée d'un énorme bonnet de laine; ses doigts crochus lui servaient tour à tour de mouchoir de poche, de cuiller à pot et de fourchette; c'est à l'aide des longs ongles dont ils étaient emmanchés, qu'il tirait la viande de la gamelle, et combien de fois, faute d'essuie-mains, se servit-il du pan de sa chemise. Enfin, pour lui donner une figure humaine, il eût fallu un bain de huit jours.

Nous comptions déja quinze jours de navigation, je souffrais toujours beaucoup du mal de mer. Les douleurs que l'on éprouve sont difficiles à décrire. Des vomissemens successifs, et quelquefois jusqu'au sang; l'impossibilité de prendre aucune nouriture sans la rejeter immédiatement; votre estomac est abîmé par les secousses terribles qu'occasionnent les nausées; l'on éprouve de fréquens étourdissemens; pour lors, le cœur vous manque en même temps que vos jambes qui ne peuvent plus vous porter. C'est dans une position semblable que je me laissai tomber de l'entrepont à fond de cale, par l'écoutille qui y est pratiquée pour y descendre ou en retirer les marchandises. Je tombai de côté, et à la hauteur d'une toise et demie; heureusement j'en fus quitte pour une forte contusion.

CHAPITRE VI.

LES MARSOUINS, ETC. — VENT DEBOUT. — LA MER SE COURROUCE, LES VENTS SE RENFORCENT, LA VERGUE DE MISAINE ÉCLATE, LE CABLE DU GOUVERNAIL SE ROMPT ET BLESSE LE PILOTE ; LA MER SE CALME. — RENCONTRE DU PAQUEBOT ROYAL LE LONDOON. — INDISPOSITION DES PASSAGERS POUR AVOIR MANGÉ DE LA CHAIR D'UN JEUNE REQUIN.

Nous étions vers le milieu d'avril ; quantité de poissons de mer, dont quelques-uns d'une grosseur prodigieuse, sortaient du sein de l'onde amère ; nageant par bonds entre deux eaux, ils nous donnaient un curieux spectacle de leur agilité : j'appris que c'étaient des marsouins. C'est surtout à l'approche d'un changement de temps que ce tableau se renouvelait ; aussi, peu d'heures après nous eûmes un vent debout, les vagues s'enflèrent tout-à-coup et semblaient tout submerger ; le vent se renforcait avec une telle violence, que le capitaine se vit obligé de faire carguer toutes les voiles ; mais cette manœuvre arrivant trop tard, les matelots éprouvèrent quelques difficultés, car la force du vent les déroulait aussitôt.—Cependant l'on s'en était rendu maître, lorsque la vergue de misaine éclata avec fracas; les tronçons embarrassés dans les cordages rendaient la manœuvre très difficile. Le ciel se couvrit de ténèbres épaisses qui l'auraient dérobé entièrement à nos yeux sans les éclairs qui le sillonaient en tout sens, et nous le montraient par fois tout embrasé; de violens coups de tonnerre, suivis de la grèle, vinrent ajouter à l'horreur de notre position; pour comble de disgrace, le câble qui tenait le jeu du gouvernail vint aussi à se briser. Pour lors notre détresse fut à son comble; le navire, privé de son pilote, dévia aussitôt de sa route, tandis que des masses d'eaux embarquaient sans résistance sur notre pont qu'elles couvraient dans son entier. Le bâtiment faillit sombrer plusieurs fois; déja l'on se disposait à jeter les chaloupes à la mer pour se sauver, lorsque les matelots, à l'aide d'un travail opiniâtre qu'encourageait l'exemple du capitaine et des passagers, vinrent à bout de remplacer le câble du gouvernail et à serrer les voiles auxquelles on n'avait pu que prendre quelques riz. Le pilote, qui se trouvait de quart à la boussole, en fut quitte pour une dent cassée par le tour de la mécanique qui, se déroulant avec force, le frappa rudement au visage. — Il y avait trois heures que nous luttions contre un vent debout avec tous les accessoires de la position que je viens de décrire, lorsqu'à la fureur des flots qui balayaient notre pont, succéda une brise favorable. Le vent largue vint remplacer ceux qui semblaient s'être déchaînés contre nous et en vouloir à nos jours. Ayant repris, nous filions neuf nœuds à l'heure (3 lieues); sur les onze heures du soir, nous fûmes rencontrés par le paquebot royal anglais le *Londoon*. Il passa à une portée de pistolet; les capitaines de l'un et l'autre bord, s'étant munis de leur porte-voix, se rendirent compte réciproquement de leur degrés de longitude et latitude. Le paquebot britannique allait à la Jamaïque, portant des dépêches de la part de son gouvernement. Il avait éprouvé des avaries dans le gros temps dont nous avions été assaillis, et faisait continuellement quatorze pouces d'eau. N'allant pas dans la même direction, et le vent étant favorable aux deux navires, nous nous fûmes bientôt perdus de vue.

Le lendemain, il arriva que le cooq, qui avait tendu un harpon fixé au bout d'un petit câble, s'aperçut qu'il s'y était pris un poisson; on l'amena près du navire en tirant fortement le câble, mais comme il se débattait d'une telle façon que l'on craignit qu'il ne parvînt à se mettre en liberté, on chercha à le tuer avant de le tirer sur le pont. Pour cet effet l'on se sert d'une fouine qui est un instrument à trois dards qu'on lance sur le poisson avec autant de force que d'adresse; au manche est une boucle à laquelle est fixée une corde qu'on tire à soi, et qui amène en même temps la capture. — C'était un jeune requin qui pouvait peser de quatre-vingt à cent livres. Arrivé sur le pont, il se débattait avec une telle force que l'on fut obligé de l'amarrer; personne n'osait l'approcher qu'il n'eût perdu ses forces avec son sang. Sa gueule, étant ouverte, s'étendait jusque vers le milieu du cou; chaque mâchoire était garnie de trois rangées de dents. Tout le monde sait que le requin est le poisson le plus vorace et le plus hardi que l'on connaisse : bien des gens écrivent *requiem*, parce que quand on est mordu, il n'y a rien à faire qu'à chanter son *Requiem*.

Les marins s'accordent à raconter que lorsqu'il y a quelques malades à bord, le requin, qui a l'odorat très fin, suit de près le bâtiment, et cela pendant plusieurs jours, jusqu'à ce que l'on jette à la mer ceux qui sont morts de maladie.—Le lecteur me saura peut-être quelque gré de lui tenir compte de la manière dont on se défait des passagers, matelots ou autres, qui meurent pendant la traversée. Après que l'on s'est assuré que le malade vient réellement d'expirer, le capitaine en dresse procès-verbal qu'il fait signer par les passagers et gens de l'équipage. L'ouverture des bagages du défunt est faite immédiatement, et l'inventaire dûment dressé. L'on procède aux derniers moyens à employer pour envoyer le mort dans le royaume des poissons.—Pour cet effet, il est amarré sur une planche de la même longueur que le corps : si c'est un matelot, l'on ne se donne souvent pas la peine de le revêtir d'un linceul, et pour l'expédier promptement au fond de la mer, l'on a la précaution d'attacher au bout de la planche plusieurs boulets.

Comme les gens de l'équipage voulurent manger de la chair du jeune requin que nous avions pris, il fut accommodé à toutes les sauces et de toutes les manières. Non moins désireux que les matelots d'en connaître le goût, on en servit sur notre table : mais soit que le requin se fût frotté contre le doublage cuivré de notre navire, soit que de son naturel la chair en fût malfaisante, tous les gens du bord éprouvèrent de fortes coliques. Heureusement que le capitaine nous fit administrer à chacun une forte dose d'huile de *castor*, qui produisit bientôt les meilleurs résultats.

CHAPITRE VII.

PASSAGE DU TROPIQUE : CÉRÉMONIE GROTESQUE A CETTE OCCASION. — VUE DES ANTILLES. — POISSONS VOLANS. — CALME PLAT DURANT ONZE JOURS A LA HAUTEUR DE CUBA. — RENCONTRE DU TROIS-MATS LE CRESCENT.

Nous étions vers le milieu d'avril ; la chaleur était si pénétrante, que je ne savais dans quel endroit du navire je pourrais habiter. C'est à peu près vers cette époque qu'eut lieu le passage du tropique : la cérémonie grotesque et consacrée par le temps qui a lieu à bord à cette occasion, offre quelque chose de si original, que je vais la rapporter telle qu'elle s'est passée sous mes yeux.

Dès le grand matin, tous les gens de l'équipage se préparent à cette fête par des ablutions qu'ils se font par tout le corps. Ils se rasent de frais, chaussent l'escarpin ciré dès la veille, mettent la chemise chamarrée, et prennent un air mystérieux qui étonne les passagers déja frappés de tout cet apparat extérieur. Dans le même temps, un autel est dressé au milieu du pont; derrière est pratiquée une espèce de chambre noire formée avec des voiles. Tout étant disposé, un matelot descend dans la cabine et demande au capitaine la permission d'administrer le baptême à ceux qui, pour la première fois, passent sous le tropique. Ce jour là, on leur donne pour ainsi dire carte blanche; le maître d'équipage est coiffé d'un bonnet de prêtre, le corps enveloppé dans une tunique de laine descendant jusqu'aux talons; dans cet accoutrement il se présente à l'autel, ouvre un grimoire et semble proférer des paroles mystérieuses que ni lui, ni les assistans ne sauraient comprendre. Le tout est accompagné de grimaces et de contorsions risibles. Pendant ce temps là, le mousse et le gabier, perchés à la hune du grand mât, faisaient pleuvoir sur le pont une grêle de haricots que précédait une éjection d'eau salée; le tout retombait en mode de pluie sur les assistans, et pour imiter le bruit du tonnerre, un matelot frappait à coups redoublés sur un énorme cylindre disposé à cet effet. — Ce n'est pas tout : chaque passager était introduit à son tour dans la petite chambre noire dont j'ai parlé. Au fur et mesure qu'il y entrait, un homme de l'équipage, recouvert de l'énorme dépouille d'un ours du Canada, lui jetait au visage un verre d'eau salée, et lui présentait en même temps une tire-lire pour qu'il y déposât son offrande. A défaut de cette générosité, qui était l'ame de la cérémonie et le pour-boire des matelots, on vous faisait asseoir sur un baquet artificieusement recouvert d'une natte, et le passager de bonne foi enfonçait son noble postérieur dans l'eau salée : ainsi attrapé, il avait soin en sortant de ne pas se vanter des gentillesses qu'on recevait avec le baptême. Chacun passait à son tour, ce qui fut pendant plusieurs jours un sujet de plaisanterie. — Le vent nous étant toujours favorable, le capitaine nous fit comprendre que nous serions bientôt en vue des Antilles. En effet, nous aperçûmes plusieurs orfraies (aigle de mer) et autres oiseaux de terre, qui nous annoncèrent l'approche de quelque île non éloignée.

Deux jours après, nous pûmes distinguer des yeux Haïti ou St-Domingue. Cette île, découverte par Cristophe Colomb, comme on sait, en 1492, est bornée à l'est par la Jamaïque, aux Anglais, et à l'ouest par Cuba, aux Espagnols. Le climat en est varié et généralement chaud et malsain. Cette île appartenait autrefois aux Français, qui en furent chassés par les noirs. Les jours suivans, nous vîmes Cuba et la Jamaïque. —Il ne se passait pas une journée que nous ne fussions témoins d'un spectacle nouveau. Des nuées de poissons volans s'élançaient du sein des eaux et parcouraient, en volant, un espace plus ou moins long. Cette espèce de poisson est de la grosseur du merlan; ses ailes, presque aussi longues que tout le corps, sont disposées à peu près comme celles d'une chauve-souris. Autant de temps qu'elles sont empreintes d'humidité, ils peuvent se soutenir en l'air, mais ce liquide venant à manquer, le poisson volant est obligé de retomber : aussi en avons-nous ramassé plusieurs sur le pont du navire.

C'est un coup d'œil charmant que de voir

à la fois des myriades de ces poissons qui prenaient leur essor du milieu de l'onde amère, pour parcourir un espace atmosphérique quelquefois de plus d'un mille.—Nous étions sur le point de dépasser la dernière pointe de l'île de Cuba, lorsque le vent qui depuis plusieurs semaines nous avait été favorable, cessa tout-à-coup : à la brise succéda un calme plat qui dura onze jours.

L'île de Cuba est la plus grande des Antilles ; le climat, quoique chaud, est cependant moins brûlant que celui de St-Domingue. La Havanne, si connue par la bonté de ses cigarres, est une de ses villes principales. La fièvre jaune y règne l'hiver comme l'été, mais avec moins d'intensité que dans les régions où cette cruelle maladie n'exerce ses ravages qu'à certaines époques de l'année. Tout le monde sait que l'on ne trouve à Cuba aucun dangereux reptil, aucun animal vénimeux. Pendant les onze jours que dura le calme, notre navire était sans mouvement ; la mer, unie comme une glace, offrait un tableau bien différent de celui que nous avions eu lors de la dernière bourrasque. Le lever de chaque aurore nous trouvait toujours à la même place où la veille nous avait laissés le déclin du jour. Nous étions vers la fin d'avril, le soleil était brûlant, et le temps commençait à nous durer d'autant plus que le calme pouvait tenir long-temps. Nous étions à quatre cents lieues environ de la Nouvelle-Orléans ; la navigation paraissait fort longue au capitaine aussi bien qu'aux passagers. Depuis cinq jours nous avions en vue un trois-mâts ; il mit son pavillon avec la flamme de son armateur ; à l'aide de longues vues nous apprîmes que c'était le *Crescent*, bâtiment américain sorti du Hâvre neuf jours avant nous. Quelques efforts que nous fissions pour manœuvrer l'un sur l'autre, ce ne fut que lorsque la brise s'éleva que nous pûmes nous hêler. Le capitaine nous dit qu'il avait fait des avaries dans la grosse mer.

*

CHAPITRE VI.

VIII

LA BRISE S'ÉLÈVE. — ARRIVÉE A L'EMBOUCHURE DU MISSISSIPI. — DÉSAPPOINTEMENT. — ROSEAUX OFFRANT L'IMAGE D'UN RICHE TAPIS DE VERDURE. — ON JETTE L'ANCRE. — LES MARINGOUINS. — RUGISSEMENS DES TIGRES ET DES LIONS QUI PEUPLENT L'ILE DE LA BALISE.

J'ai dit plus haut que le calme avait duré onze jours : ce ne fut qu'à la fin de cette dernière journée qu'une légère brise s'étant élevée, le capitaine fit hisser toutes ses voiles, et armer les vergues de toutes les bonnettes à bord. Le vent étant venu à fraîchir, nous filions neuf nœuds à l'heure (3 lieues). Enfin le cinq mai au matin, nous nous aperçûmes que l'eau changeait de couleur; l'ayant goûtée, elle ne nous parut plus que d'un goût saumâtre, car les eaux du Mississipi conservent leur douceur et couleur blanche, jusqu'à quatre lieues du rivage. Nous devions entrer bientôt dans le fleuve; déja nous voyons flotter de loin en loin des arbres entiers que le courant entraînait avec force en pleine mer. Le lendemain on jeta la sonde ; elle faisait fond. A l'aide des lunettes, nous découvrîmes le phare de la Balise : c'est une île à l'embouchure du Mississipi. Sur les neuf heures du matin, une péniche avec pavillon de pilote manœuvra sur nous ; notre capitaine fit arborer son signal et tirer deux coups de canon. Une chaloupe détachée de la poupe de la goëlette, et montée par quatre nègres, nous amena un pilote à bord. Ces nègres étaient les premiers que je voyais sous le ciel d'Amérique ; nous leur donnâmes des pommes de terre que ces malheureux dévorèrent toutes crues, avec un appétit à faire pitié. — Déja le capitaine avait cédé le commandement de son bord au pilote, ainsi que cela se pratique toujours, et déja l'on se préparait à opérer l'entrée en rivière, lorsqu'un vent contraire s'éleva tout-à-coup, et en moins de vingt-quatre heures nous porta à plus de quatre-vingt lieues hors de notre route. Le désappointement fut extrême pour tous, d'autant plus que les passagers de l'entrepont étaient à leur dernier morceau de biscuit.

Cependant à force de louvoyer, nous arrivâmes, le sept mai, à l'embouchure du Mississipi. En cet endroit, il a plusieurs lieues de largeur, de sorte que vous croyez être encore en pleine mer. Les terres qui bordent la mer sont si basses, qu'à douze lieues au large vous ne pouvez les distinguer, si ce n'est le phare et quelques arbres qui se trouvent par hasard sur les bords de ce désert rempli de sable, que recouvrent des roseaux toujours verts et très hauts. Lorsque ces roseaux sont agités par les vents, ils offrent l'image d'un riche tapis de verdure flottant sur les eaux. Vers les deux heures de l'après-midi, nous opérâmes notre entrée en rivière. Il y a deux passes : la première, celle du sud, pour les gros navires qui calent plus d'eau, la seconde pour les bricks et goëlettes; l'une et l'autre sont étroites et peu profondes ; aussi a-t-on besoin d'un pilote expérimenté qui connaisse, par une pratique journalière et la sonde à la main, les bancs de sable cachés sous les eaux. Nous remontâmes le fleuve une ou deux lieues, et jetâmes l'ancre à l'entrée de la nuit, attendant qu'un *stainboot* (bateau à vapeur) vint nous remorquer.—L'on ne se fait pas une idée, en Europe, de la quantité de moustiques, de maringouins de toute espèce qui tourmentent les voyageurs dans la partie méridionale des États-Unis, principalement dans le voisinage des lacs et rivières.

Nous eûmes à endurer des souffrances terribles, causées par la piqûre douloureuse de ces insectes, surtout depuis le coucher du soleil jusqu'à son lever. Nous passâmes la nuit entière sur le pont sans pouvoir fermer l'œil. Les rugissemens des tigres et des lions, qui peuplent l'île de la Balise, sur la rive gauche du fleuve, ajoutaient encore à notre anxiété.

*

CHAPITRE IX.

On lève l'ancre. — Le navire est remorqué par un stainboot. Description du Mississipi. — Le moqueur, oiseau singulier. — Les caïmans.

Deux heures avant le lever du jour, on s'occupa de lever l'ancre, et déja l'ouvrage tirait vers sa fin , lorsque le câble vint à se dérouler avec force et laissa retomber l'ancre au fond des eaux. L'on se remit derechef à l'ouvrage en apportant de nouvelles précautions. Sur les neuf heures du matin, nous entendîmes un bruit dans le lointain, qui se prolongeait en s'avançant vers nous. Bientôt nous vîmes une fumée épaisse qui semblait sortir de la cheminée d'un fourneau. C'était réellement un stainboot, dont l'unique emploi est de remorquer les navires pour la Nouvelle-Orléans. Ces bateaux à vapeur sont d'une beauté et grandeur dignes d'admiration. Jusqu'ici les Américains laissent les Français bien loin derrière eux. — Le Mississipi éprouve peu de marées à cause des détours nombreux de son cours ; d'ailleurs les vents n'y sont point constans. Il est difficile de le remonter pendant les six premiers mois de l'année : la force du courant est alors de plus de deux lieues à l'heure ; au surplus, dans l'une et l'autre saison, les bâtimens se font remorquer par les stainboots qui traînent après eux jusqu'à trois bricks à la fois.

Le Mississipi charrie quantité d'arbres de toute grosseur qui, déracinés par les vents ou tombés de vétusté, se ramassent de toute part sur les eaux : ces débris de forêts font des massifs qui à la longue s'unissent par des lianes, et que les vases finissent par cimenter. Alors vous diriez des îles flottantes qui, cumulant les dépouilles des rivages lointains, prennent une telle consistance, que souvent elles changent le cours du fleuve, et le forcent à s'ouvrir de nouvelles routes. La chaleur était telle, que les rayons du soleil brûlant faisaient suinter le goudron dont étaient enduits les joints du navire, que les matelots étaient obligés d'arroser à chaque instant. La place sur le pont était à peine tenable; mais attiré par la vue des beautés neuves du Missisipi, de ce fleuve majestueux que l'auteur d'Atala a si admirablement décrit, je me tins constamment perché sur le tillac. De là je pouvais examiner d'assez près les merveilles de la nature sur les bords fleuris de ce fleuve, dont le cours est si rapide que l'on est obligé de suivre ses bords pour le remonter, et cela avec d'autant plus de succès, qu'il s'y établit un courant contraire qui remonte vers sa source. Il en est à peu près de mê[illegible]ur les principaux fleuves d'Amérique.

Parti du Hâvre dans le mois de mars, dans cette saison glacée où en France la nature était couverte de frimats, le lecteur peut se faire une juste idée de la vive émotion que j'éprouvais en contemplant la beauté de la végétation sous le ciel d'Amérique. Les bords du Missisipi, depuis son embouchure, et jusqu'à la Nouvelle-Orléans, ne sont cavés par aucune ravine. Des forêts immenses, peuplées d'arbres, dont la plupart étaient d'une espèce qui m'était inconnue, et d'une grosseur prodigieuse, attestaient que jamais la cognée de l'homme n'avait passé par-là. Leurs branchages épais, agités par une légère brise, se balançaient parfois au-dessus de notre pont qu'ils couvraient de leur ombre précieuse. Quantité d'oiseaux, inconnus en Europe, semblaient prendre plaisir à nous faire admirer les sons mélodieux de leur voix. J'en vis un grand nombre, entr'autres l'espèce qu'on appelle *papes*, ensuite les *cardinaux*, nom que leur a valu sans doute la couleur pourprée de leur plumage.

Dans la partie la plus chaude de la Louisiane, l'on trouve l'oiseau-mouche, de la grosseur d'un dé à coudre, tout plumé. Mais de tous ceux que j'ai vus, celui qu'on appelle *le moqueur*, m'a paru le plus singulier; il a le talent de contrefaire la voix de tous les autres oiseaux indistinctement; son ramage nous égayait beaucoup; il est de la grosseur du merle, et aime beaucoup la compagnie de l'homme.

Parlons des caïmans, ou crocodiles, qui sont aussi communs dans le Missisipi que dans le Nil en Égypte. J'en ai vus plusieurs qui pouvaient avoir de dix à douze pieds de longueur, et gros à proportion. Lorsque ces montres amphibies sont pressés par la faim, leur rencontre est dangereuse. A chaque instant nous en apercevions qui étaient étendus sur le sable brûlant du rivage, ne daignant pas même se déranger à une simple portée de pistolet. Il y en a qui prétendent que le caïman ne peut mordre dans l'eau sans courir risque de se suffoquer. Je ne m'arrêterai pas à cette observation que des faits journaliers démentent. Ainsi, pendant mon séjour à la Nouvelle-Orléans, une négresse eut le poignet devoré en lavant sur le bord du fleuve. Les sauvages ont une confiance aveugle à la dent du caïman : ils prétendent que c'est un spécifique universel contre toute espèce de venins ou de poisons ; aussi en portent-ils toujours une suspendue à leur cou. Il est dangereux de chasser au chien d'arrêt dans les *bayoux* (c'est ainsi qu'on nomme les marais et étangs), les caïmans en sont très friands. Le chasseur intrépide demonte-t-il une pièce de gibier, elle devient aussitôt la proie de ces reptiles carnivores. Il ne reste sur la place que les plumes qu'ils rejettent.

CHAPITRE X.

DÉTROIT DES ANGLAIS. — DIFFÉRENS ARBRES QUI PEUPLENT LES FORÊTS. — SERPENS A SONNETTES; *idem* LE FOUETTEUR. — ARRIVÉE A LA NOUVELLE-ORLÉANS. — COUP D'OEIL IMPOSANT DE LA RADE.

Ce qu'on appelle Détour des Anglais, ce sont deux châteaux forts qui se trouvent vis-à-vis l'un de l'autre sur chaque rive du fleuve. On y a élevé deux bastions fortement terrassés, d'où l'on peut couler à fond tous les bâtimens étrangers qui viendraient tenter une descente hostile. Ces ouvrages, construits à un tournant du Mississipi, rappellent l'échauffourée que firent les Anglais en 1815, pour se rendre maîtres du pays. Tout ce qu'il y eut de libres et d'esclaves dans le pays se portèrent en masse en cet endroit; les Anglais avaient leurs vaisseaux à l'ancre. Eux-mêmes s'occupaient à se retrancher à terre, lorsque les Américains les attirèrent dans des prairies tremblantes. Ils en eurent si bon compte, qu'à peine s'en échappa-t-il un seul pour porter la nouvelle de leur défaite.

Depuis le Détour des Anglais jusqu'à la Nouvelle-Orléans, c'est-à-dire, dans un espace de quatorze lieues, les deux rives du fleuve offrent l'image de deux plaines remplies de plantations de tabac, coton, indigo, cannes à sucre, maïs, etc. Les bananiers, cocotiers, grenadiers, ornent les jardins potagers aussi bien que les forêts où la nature seule en prend soin. Dans les champs, vous ne voyez que des nègres occupés à travailler la terre. On juge, aux État-Unis, de la fortune d'un planteur par le nombre plus ou moins grand de ses esclaves. Ordinairement il y a un *toucheur* pour trente nègres : la plupart de ces hommes de confiance sont des blancs, qui, le fouet à la main, accompagnent les esclaves à leur travail, et châtient, selon leur caprice, ceux qui sont les moins diligens. J'ai vu un de ces malheureux, que la curiosité avait porté à examiner notre bâtiment, recevoir sur le dos trois grands coups de fouet. — Les bords seuls du Mississipi sont défrichés, encore n'est ce que de distance en distance. Ailleurs ce sont des forêts immenses plantées d'arbres qui semblent être le produit de tous les temps. On y distingue le platane, bien différent du nôtre par la grandeur de ses feuilles ; le pin blanc, espèce de cyprès, qui parvient à une hauteur prodigieuse; le chêne vert, le houx, et l'arbre qui produit la barbe espagnole, qui ressemble au crin et le remplace assez avantageusement.

Le sol de ces forêts dans certaines parties est très marécageux; ailleurs il est couvert d'une herbe longue et fine qui sert de retraite à quantité de reptiles, dont la morsure est souvent mortelle. L'on y rencontre fréquemment le serpent à sonnettes, le serpent fouetteur, ainsi appelé parce qu'il se jette quelquefois sur l'homme, s'entortille autour de son corps qu'il étreint d'une telle force, qu'il arrête la circulation du sang. Dans cette situation, quoique cet ennemi dangereux ne morde pas, il ne lâche prise que lorsqu'il a achevé sa victime, en l'assaillant à coups redoublés, à l'aide de sa longue queue. Les naturels du pays trouvent moyen de s'en défaire en lui coupant la tête, qui se trouve au-dessus des plis multipliés de son corps volumineux. Ces serpens ont jusqu'à dix pieds de longueur ; leur grosseur n'est pas en proportion. Lorsqu'ils sont venus à bout d'étouffer les malheureux qui n'emploient pas le moyen dont je viens de parler pour s'en défaire, ces dangereux ovipares se contentent de leur sucer le sang sans les dévorer. — Au fur et mesure que l'on s'approche de la Nouvelle-Orléans, l'on découvre des habitations construites sur des pieux à quatre pieds au-dessus du sol. A l'aide de cette méthode, l'on se garantit du contact de l'humidité de l'approche des bêtes vénimeuses, et l'intervalle pratiqué dessous sert à la ventilation. Les cabanes à l'usage des nègres sont en bois, et ont la forme d'une ruche à miel, distribuées en demi cercle vis-à-vis le principal manoir. La vue de ces plantations récrée d'autant plus les yeux, que les sinuosités que décrit le fleuve ne vous permettent pas de les décrire de fort loin. Je vis sortir de l'une de ces demeures, plus riche que celles qui l'avoisinaient, deux nègres moitié nus, portant un large parasol qui ombrageait le teint bruni d'une créole, leur suzeraine. Plus loin, d'autres esclaves étaient attelés, comme des chevaux, à un long câble pour remonter une chaloupe commodément disposée pour la promenade d'un maître despote, dont la fortune s'était accrue avec l'orgueil, la sottise et la fraude. — Le 9 mai, j'arrivai à la Nouvelle-Orléans ; le coup d'œil de sa rade, que l'on aperçoit à plus de trois mille en rivière, est magnifique. La vue de cette forêt de mâts, le mouvement du port, le mélange de la couleur des habitans, la variété des pavillons de toutes les nations, joints aux préparatifs de départ des stainboots, avaient pour moi un charme difficile à décrire. Ces bâtimens à vapeur étaient surmontés d'une énorme cheminée, par où une fumée mêlée d'étincelles s'échappait avec force, et formait un nuage épais au-dessus de notre tête.

❃

CHAPITRE XI.

DESCRIPTION DE LA NOUVELLE-ORLÉANS, DE SON TERRITOIRE, SA FONDATION : MOYEN QUE L'ON EMPLOYA POUR LA PEUPLER. — LOIS RÉGNANTES QUI RÉGISSENT SES HABITANS. — MÉLANGE DES RACES. — DESCRIPTION D'UN DINER AMÉRICAIN.

La Nouvelle-Orléans et sa rade, du côté du fleuve, offrent un coup d'œil qui n'a de rapport avec aucun de nos ports d'Europe. C'est vraiment l'aspect d'un nouveau monde; la rade en est sûre; cependant, par des gros vents, l'on a vu des navires, poussés par la force de l'ouragan, venir se briser sur la jetée établie pour retenir le fleuve dans son lit. La profondeur en est de soixante brasses (360 pieds).

La Nouvelle-Orléans est une ville agréablement bâtie et percée de rues généralement droites, larges, et se coupant à angles droits comme la plupart des villes d'Amérique. Des trottoirs carrelés en briques y sont établis pour les piétons; cependant toutes les rues ne sont pas encore pavées, ce qui provient de la difficulté de se procurer des cailloux; mais, depuis plusieurs années, l'on fait tirer une quantité considérable de coquillages d'un lac qui n'en est éloigné seulement que de quelques milles; l'on en fait un ciment qui, mêlé avec de la terre, remplace le pavé bien qu'imparfaitement.

La fondation de la Nouvelle-Orléans, ainsi nommée pour faire sa cour au duc d'Orléans, régent, ne remonte donc qu'à la fin du règne de Louis XIV. Pour la peupler, on y envoya plusieurs vaisseaux chargés de filles enrôlées soit de force, soit de bonne volonté. A l'arrivée des premiers envois, on se disputait ce nouveau genre de cargaison, et l'on raconte qu'une de ces femmes excita une querelle sérieuse, quoiqu'elle eût l'air d'un grenadier plutôt que d'une Hélène.

Cette ville compte une population de 50,000 habitans, mais les émigrations diminuent ce nombre de plus d'un tiers pendant trois mois de l'année, époque à laquelle la fièvre jaune moissonne tous les ans les trois quarts des Européens non acclimatés. — La Nouvelle-Orléans est située à trente lieues de l'embouchure du Mississipi; le sol se trouve plus bas que la surface du fleuve, qui est retenu dans son lit par de fortes digues, élevées à grands frais, qui s'étendent du fort Plaquemine, à quinze lieues au-dessous de la ville, jusqu'à quarante lieues au-dessus. La ville possède une maison de Justice, de vastes géôles, des halles superbes où se tiennent les marchés, un palais pour le gouverneur, une douane, un hôpital, deux théâtres, dont l'un Français dit d'Orléans, un second Américain, un collége, mais en défaveur depuis le départ de l'abbé Portier, nommé évêque à la Mobile. La plupart des édifices sont vastes et beaux, mais construits dans un genre gothique. On remarque l'église catholique sur la place d'Armes, celle des Presbytériens. L'une et l'autre sont d'une construction mauresque.

La législation et le pouvoir exécutif sont ainsi répartis : le pouvoir législatif réside dans un sénat et une chambre de représentans; le pouvoir exécutif est entre les mains d'un gouverneur que le peuple élit pour quatre ans. Le pouvoir judiciaire est confié à une cour suprême, qui n'exerce qu'une juridiction d'appel.

Parmi les habitans de la Nouvelle-Orléans, on compte un tiers de créoles, d'origine française ; les indigènes sont en petit nombre, tellement les races se sont croisées avec celles des diveres nations qui ont passé successivement dans les États-Unis. Les nègres sont dans une proportion de deux pour un blanc. Dans le principe, ces premiers étaient originaires du Congo, sur les côtes de la Guinée, où l'on allait les acheter ; mais depuis quelques années, ils se sont tellement reproduits dans certains états de l'Amérique, qu'aujourd'hui l'on se sert volontiers de ces derniers, la Caroline, la Georgie en fournissant beaucoup. Acclimatés aux pays, ils sont plus robustes, et offrent moins de chances défavorables à ceux qui les achètent. Il est un proverbe en Amérique, que pour avoir un bon nègre, il lui faut une nourriture abondante, beaucoup de travail, et force coups de fouets : aussi n'est-on pas avare de ces derniers. J'aurai à parler, dans le chapitre suivant, des cruels procédés que l'on emploie à leur égard. Les Américains mettent beaucoup de prix à s'entourer d'un nombre superflu de ces nègres, qui bien souvent ne font que s'embarasser dans leur service. Je dînai un jour chez une famille américaine ; nous étions huit à table, et avions pour nous servir trois négresses, sans compter un petit négrillon qui, caché sous la table, s'occupait à chasser les moustiques de dessous les cotillons jaspés de notre hôtesse. Il m'arriva à son sujet une aventure singulière : Me doutant le moins du monde de ce qui rôdait sous la table, et pensant que cela ne pouvait être qu'un chien qui, alléché par l'odeur des mets, se frottait à nos genoux, je lui lançai un rude coup de pied, et j'attrapai malheureusement au visage notre négrillon, qui poussa des cris affreux et saignait même par la bouche ; il fut renvoyé froidement par sa maîtresse. Je trouvai un prétexte pour m'absenter un instant afin de m'assurer des nouvelles de cet infortuné, qui en fut quitte pour une meurtrissure au visage.

L'une des négresses dont j'ai parlé, tenait à sa main un large éventail formé de de plumes d'autruche, et dont elle se servait mollement en le passant tour à tour sous le nez des convives, pour les rafraîchir en leur procurant une légère ventilation. Un autre esclave préparait la glace dont elle garnissait nos verres qu'elle avait soin de ne laisser jamais vides, quoique l'on bût simplement de l'eau aromatisée avec du taffia. Au dessert seulement l'on apporta du vin; c'est alors qu'au silence profond qui a régné jusque-là succède un folle gaîté; l'on voit le visage de l'Américain s'épanouir et son cœur se dilater. Il est d'usage de rester à table jusqu'à ce que le café, le punch et le genièvre aient allumé la tête de tous les convives. Alors il est inutile de parler d'affaires, l'Américain est censé avoir la tête saturée de vapeurs bachiques après son dîner : aussi se garde-t-il de traiter des actes les plus simples. Les cigarres furent apportés, et bientôt la salle à manger fut changée en un vaste estaminet. Cependant les trois dames qui jusqu'alors n'avaient pas quitté la compagnie, se retirèrent dans une pièce voisine, et quelques minutes après, je profitai du désordre complet que je voyais autour de moi, pour brûler la politesse à ces messieurs, dont la plupart roulaient comme des futailles. Tout ce que j'avais vu me donna une singulière idée des leurs principes gastronomiques.

CHAPITRE XII.

MOEURS DES AMÉRICAINS CRÉOLES, idem DES GENS DE COULEUR. — DÉTAILS CURIEUX SUR CES DERNIERS. — COMMERCE DES NÈGRES.

Ce que j'ai dit sur la passion qu'ont les Américains de se livrer à l'usage de liqueurs fortes après leur dîner, s'entend seulement de ceux qui vivent sous le ciel de la Louisiane et du Mississipi, tandis que ceux des états du Nord sont d'une sobriété qui passe tout ce que l'on pourrait en dire. Leurs manières sont en général franches et généreuses, exemptes de ces cérémonies fatigantes où le cœur n'est pour rien, en usage en Europe. Un créole vous invite-t-il à dîner chez lui, si, sans y adhérer précisement, vous abondez en complimens enflés et insipides, reçus en France, vous pouvez vous tenir pour averti que de long-temps il ne vous réitérera son invitation.

A la Nouvelle-Orléans, le mélange des couleurs fait autant de classes à part : tellement qu'au spectacle, les blancs ont des loges particulières où les hommes de couleur, quoique libres, se garderaient bien de prendre place. Quelle que soit la position politique ou sociale d'un noir libre ou esclave, jamais il n'est admis à la table du blanc; préjugé cruel et barbare, dont l'heure de la destruction ne tardera pas à sonner!

L'on distingue trois classes parmi les gens de couleur ; dans la première sont les nègres de race pure ; dans la seconde sont les mulâtres, fruit de l'union d'un blanc avec une négresse ; dans la troisième sont les quarterons ou mitigés : on les nomme aussi griffons. Cette couleur provient du commerce d'un blanc avec une mulâtre. Les femmes de cette origine ont le don de tourner la tête aux Européens. Elles sont blanches, les cheveux et les sourcils d'un noir d'ébène, l'œil vif et convoitant les plaisirs. Leur démarche a quelque chose de voluptueux, qui se marie très bien avec le gracieux et l'enjouement du visage. Ces dernières sont naturellement très vives, elles s'attachent à vous passionnément, mais elles sont jalouses à l'excès. — Dans cette occurrence vous avez tout à redouter de ces furies, d'autant plus à craindre que leur ressentiment est un feu qui couve sous la cendre pour tout consumer à la première occasion.

A la métropole de la Louisiane, tous les soirs à neuf heures, dans la belle saison et plutôt en hiver, le canon tire en même temps que la retraite bat dans tous les quartiers de la ville. Alors défense est faite à tous les esclaves de sortir dans les rues sans être porteurs d'une permission signée des maîtres à qui ils appartiennent. A défaut de cette précaution, ceux qui sont surpris sont arrêtés, conduits à la géôle, et rendus aux propriétaires après avoir préalablement reçu un certain nombre de coups de fouets.

J'ai parlé ailleurs de la forme des casemates où sont établis les esclaves, vis-à-vis le principal manoir de la plantation. Dans ces cabanons sont des crêches légèrement inclinées, dont le fond est garni d'une paillasse rembourée, soit avec des feuilles de maïs, soit avec cette barbe espagnole dont j'ai entretenu le lecteur. Ces loges s'élèvent quelquefois au nombre de quarante à cinquante; elles offrent l'image d'un camp que domine l'habitation du chef. A l'heure des repas, la cloche sonne et chaque convive arrive avec sa gamelle, dans laquelle il reçoit une portion de riz, gruau ou patate. Il leur est loisible de s'unir entr'eux, et le principe de *croissez* et *multipliez* ne fut jamais mieux observé que chez ces malheureux. Lorsqu'une négresse devient grosse, elle est logée à part, et au fur et mesure que sa position demande un genre de travail moins pénible, elle est réglée là-dessus, suivant l'exigence. Mais ces soins particuliers de la part du propriétaire viennent plutôt de l'ambition qui calcule de la vie ou de la mort de ces germes de la servitude, que du cri de la nature qui nous attendrit en faveur de ces malheureuses, dont l'état de grossesse est fait pour exciter notre commisération. — Il arrive quelquefois qu'à peine l'enfant a-t-il vu le jour, qu'une autre est désignée pour l'allaiter, tandis que la véritable mère est vendue inhumainement sans que l'on ait égard à ses pleurs, à ses lamentations. *Meminisce horret.*

A la Nouvelle-Orléans, il y a de vastes magasins d'esclaves : ces malheureux sont assis sur des banquettes qui s'élèvent en amphithéâtre à l'entour. Les marchands ont soin de les tenir proprement afin de leur donner plus d'extérieur, ainsi étalés devant les yeux du public. Les amateurs viennent choisir ceux qui leur conviennent pour le genre du travail auquel ils veulent les employer. Le marché n'est jamais terminé que l'esclave ait été visité à nu, et de la tête au pieds. Il y a d'ailleurs tous les jours de ces ventes publiques d'esclaves, qui se font à l'heure de midi à la bourse et à la folle-enchère. J'ai vu dans une de ces ventes une mulâtre d'environ seize ans : le créole qui la marchandait allait se retirer sans conclure le marché, lorsque cette jeune fille, qui gémissait depuis sept ans sous les mauvais traitemens de son maître, se jette pleurant aux genoux du créole, et le supplie de l'acheter, lui promettant qu'il aura lieu d'en être content. Notre jeune homme se laissa attendrir par hasard, et emmena l'esclave, après avoir compté quatre cents piastres (2,000 fr.).

CHAPITRE XIII.

DANSE SINGULIÈRE DES NÈGRES. — CHANSON CRÉOLE DE CES DERNIERS. — SAUVAGES DE LA LOUISIANNE JUSQU'A LA POINTE COUPÉE.

Tous les dimanches les nègres de la ville et des environs se rendent dans un endroit qu'on appelle le Camp. C'est un vaste tapis de gazon sur le bord du lac, à trois milles de la Nouvelle-Orléans. Pour y aller, l'on parcourt un chemin de fer, sur lequel sont établis de vastes omnibus conduits à la vapeur, et dans quelques minutes l'on arrive. Un canal qui prend au Mississipi et qui va se perdre dans le lac, offre le change pour ceux qui veulent s'embarquer dans de jolies péniches richement équipées. Ces derniers ont pour lors la facilité de tirer les caïmans qui abondent dans ce canal, sans pourtant qu'il y ait du danger pour ceux qui montent sur ces frêles embarcations.

Arrivés au Camp, vous ne sauriez vous figurer l'effet curieux que produit la vue du mélange de tant de couleurs différentes. Ce sont pourtant des nègres, que la plupart, qui forment une série de corporations distinctes. Chaque société a son drapeau qui, perché à la cime d'un mât d'une hauteur pyramidale, sert de point de ralliement à tous les ayant-parts. — Les nègres dansent avec une vitesse et une légèreté extraordinaires. Leur jeu est plutôt une pantomime qu'une danse régulière. Le grand mérite de cet exercice est dans la variété des attitudes qui toutes sont lascives. Leur musique est un tambour sur lequel ils frappent en roulant, ce qui le force à rendre des sons aigus que répétent deux ou trois fois les échos d'alentour. Plusieurs familles indiennes, dont les huttes sont non loin du lac, viennent partager ces plaisirs burlesques. Les nègres apprennent difficilement le français ; d'ailleurs ils le prononcent si mal, que pour en donner une idée, je joins ici leur chanson favorite. Je tiens l'original d'une grifonne qui n'a pas su me la traduire. Ce sont les plaintes douloureuses d'un nègre au sujet d'une négresse qui a quitté le Camp pour le sejour de la ville.

Lisette quitté la pleine,
Me perdi bonher à moé,
Zie à moi semblé fontaine,
Dempi mô pas miré toé,
Denjour quand mon coupé comme
Mô songé zamour à moé,
La nuit quand mon dans cabane,
Dans dromi mon quimbé toé.

Sito allé à la ville,
Ta trouvé zeine candis
Qui gagné pour tromper fille,
Bouche doux passé sirop,
Pendant q'uior coquine trop,
C'est serpent pour contefaire,
Crie à rat pour tromper yo.

Dempi mo perdi Lizetto,
Mo pas souchié calinda,
Mo pas bram bramba boula,
Quand mo contre l'antre négresse,
Mo pas gagniez zié pour ly,
Mo pas souchié travail pièce
Tant que chose à moé mourir.

J'ai visité les peuplades indiennes qui sont établies sur la rive droite du Mississipi, depuis la Nouvelle-Orléans jusqu'à la Pointe-Coupée; c'est-à-dire, à quarante lieues au-dessus de cette dernière ville. Les sauvages que l'on y rencontre descendent des Chactas ; ceux qui habitent loin des rivières, ce qui les prive de tout rapport avec les Européens, sont d'une grande malpropreté. En remontant le fleuve et à cinquante milles environ de la métropole, on rencontre une petite colonie d'Allemands. Leurs plantations sont bien cultivées, et quoique leur émigration date de plus d'un siècle, ils conservent toujours l'idiome de leur mère-patrie. Les maisons de ces colons sont construites partie en bois et partie en briques, et à une certaine élévation au-dessus du sol, précaution qui les met à l'abri d'une foule d'inconvéniens, sans compter celui des serpens qui s'introduisaient jusque dans leur couche. L'intérieur de la Louisiane n'est guère habité que le long des fleuves et rivières, ce qui rend les communications extrêmement faciles. L'intérieur des terres n'est que forêts immenses. L'on y trouve des cyprières qui ont jusqu'à vingt-cinq lieues de circonférence. Après la colonie des Allemands se trouve Bâton-Rouge, à cent milles de la capitale de la Province. Il y a dans cette ville une école d'artillerie et une manufacture d'armes de guerre. Toujours en remontant le fleuve, et à dix lieues de Bâton-Rouge, se trouve la Pointe-Coupée, paroisse de 3,500 habitans. Dans les environs, les bords du fleuve sont parfaitement cultivés, mais à part cela, ce sont des bois d'une étendue immense. Les peuplades indigènes qui habitent ces parages sont les Akansas; ils y ont établi des sentiers qui facilitent les communications, ils ont, parmi eux, des médecins ou espèces de sorciers qui guérissent de la piqûre des serpens à sonnettes, communs à la Louisiane; et, par la décoction de certaines plantes végétales dont ils connaissent le secret, ils guérissent assez adroitement les ulcères et les plaies. Ayant peine à croire à toutes les versions que l'on me faisait sur le compte de ces Indiens, je voulus m'en assurer moi-même en allant sur les lieux, théâtre de leur vie privée. Précédé d'un homme du pays, qui me servait tout à la fois de cicérone et d'interprète, je m'avançai un certain jour à cinq à six lieues dans les bois qui couronnent les plantations riveraines du fleuve. Arrivés à une certaine bourgade, nous mîmes pied à terre, et après avoir déchargé nos chevaux des provisions de bouche dont nous étions abondamment pourvus, nous entrâmes dans la hutte de ces sauvages. De prime abord, notre visite leur parut suspecte; mon interprète leur ayant fait entendre que notre présence, au milieu d'eux, n'avait rien d'hostile, c'est avec peine qu'ils s'y rendirent. Cependant nous les invitâmes à tirer parti de nos provisions; cette offre, qu'ils acceptèrent avec empressement, nous gagna leur amitié; nous avions de l'excellent taffia dont ils nous débarrassèrent lestement, ainsi que de nos comestibles. Ils burent à longs traits et jusqu'à perdre connaissance; le chef me remit le calumet en signe d'hospitalité, et après avoir fumé les trois gorgées de rigueur, je le fis passer à mon plus près voisin, et ainsi de suite à la ronde.

Enfin nos bons procédés nous gagnèrent tellement les bonnes graces de nos hôtes, que le soir ils nous offrirent leurs filles (car ces sauvages sont très jaloux d'avoir de votre sang). Quoique l'on recommande aux filles de se prêter de bonne grace aux embrassemens des Européens, surtout des Français, ces sauvages n'en agissent pas de même à l'égard de leurs femmes, dont ils sont aussi jaloux que prodigues des premières. Les châtimens réservés à ceux qui enfreignent les coutumes, consistent ordinairement dans la perte d'une oreille. Les hommes ne s'occupent guère que de la pêche et de la chasse, tandis que les femmes sont employées aux travaux les plus pénibles et les plus bas, et si l'on en croit certains auteurs : beaucoup de mères étranglent leurs filles en naissant, pour leur épargner le malheur de leur condition.

Ces Indiens se distinguent des autres par un talent particulier qu'ils ont de se tatouer le visage avec du vermillon très vif. Le reste du corps est couvert d'une infinité de dessins représentant des figures d'hommes ou d'animaux. Ils vont d'ailleurs tout nus, à l'exception d'une ceinture faite avec les filamens de l'écorce de certains arbres, et qui vient se nouer sur le côté. Leurs oreilles sont ornées d'énormes pendans qui ont jusqu'à six pouces de diamètre. Le cartilage du nez souvent est enrichi d'un anneau ; à leur cou pendent d'énormes colliers en perle, qui descendent par plusieurs rangs en forme d'étage. Les jambes sont aussi ornées de lanières avec des cuissarts, des brasselets parfaitement dessinés sur leur peau, tandis que la tête, aux jours de cérémonie, est coiffée d'une espèce de turban surmonté, tout autour, d'une quantité de plumes de toute espèce, qui font un agréable effet par la diversité de leurs couleurs.

CHAPITRE XIV.

NATURE DU COMMERCE DES ÉTATS-UNIS. — PASSION DES AMÉRICAINS POUR LE COMBAT DES COQS : PARIS QU'ILS FONT A CE SUJET. — FIÈVRE JAUNE. — POMPES FUNÈBRES.

Le commerce des États-Unis est très étendu, leurs navires sillonnent toutes les mers d'un pôle à l'autre. Leurs denrées, pour l'exportation, consistent principalement en froment, orge, maïs, riz, lentilles, pois, haricots, pommes de terre, oignons, lin, chanvre, houblon, tabac, indigo, coton, potasse, cire, bois de toute sorte, goudrons, térébenthine, farines, chevaux, buffles, blanc de baleine, mines d'acier, d'étain, de plomb, de charbon, et beaucoup de plantes de médecine.

L'union est divisée en vingt-quatre états dont chacun forme une république particulière, administrée par un gouvernement électif et une assemblée de deux chambres, dont les membres sont choisis par le peuple.

Le gouvernement général est établi à Washington. A lui seul le droit de déclarer la guerre, de régler la marine nationale et de traiter avec les puissances étrangères. Il est composé d'un président et d'un vice-président, élus tous les quatre ans par des électeurs nommés par le peuple. Leur gestion est soumise à l'autorisation du sénat. Les États-Unis sont aujourd'hui la terre classique de la liberté. On honora l'Angleterre de ce nom, tant qu'on ne la connut pas bien, mais aujoud'hui qu'on voit à découvert les ressorts de son gouvernement, on ne peut plus qu'en détourner les yeux pour les porter vers l'Amérique, terre fertilisée de la divinité, où chaque individu obtient une liberté entière (dans la plénitude de son acception). Honneur, je le répète, à ce peuple libre et industrieux, travaillant et récoltant pour lui-même, dont le bonheur est confié aux soins d'un président qui ne leur coûte que 125,000 fr. Comparez ce traitement aux listes civiles dont jouissent certains potentats d'Europe....

La majeure partie des créoles sont protestans; cependant dans la Louisiane, il y a beaucoup de catholiques qui jouissent d'une douce protection pour l'exercice de leur culte. Les ministres des deux religions n'ont aucun traitement, cependant ils sont fort riches. Ils ne sortent jamais qu'en habits courts, et sont d'ailleurs très tolérans, de l'aveu même de leurs penitentes. — Les Américains ont un goût démesuré pour le combat du coq. Ce spectacle a lieu tous les jeudis de chaque semaine, à la Nouvelle-Orléans, et attire une foule de curieux. Ce genre de spectacle vient des Anglais, qui l'ont propagé dans les États-Unis. Une maison particulière est disposée à cet effet, dans laquelle se trouve une arène pour ces nobles champions. Des coqs courageux sont lancés et se battent à outrance ; alors des paris s'engagent, les enjeux sont déposés entre les mains des tiers, avec stipulation pardevant témoins. Dans ce moment l'attention redouble, les regards se portent avec anxiété sur ces terribles athlètes, d'autant plus acharnés qu'ils y sont animés par les hourras que poussent les amateurs qui garnissent les galeries de l'enceinte.

Souvent le coq qui se trouve à demi-vaincu,

avec un œil poché, les ailes basses, se relève aussitôt, et saisit son adversaire avec fureur. Alors de nouveaux paris s'engagent en faveur de ce dernier, qui souvent demeure vainqueur du champ de bataille. Ainsi les bravos se font entendre en même temps que le vainqueur se promène avec orgueil sur l'arène, et semble, par son attitude martiale, en imposer à de nouveaux combattans assez téméraires pour entrer en lice avec lui.

Le séjour de la Nouvelle-Orléans serait parfait sans les chaleurs excessives que l'on y éprouve. Les maladies endémiques sont si terribles, que, dès le mois de juin, époque à laquelle elles commencent à régner, tous les gens aisés et non acclimatés désertent la ville pour aller passer quelques mois dans les provinces du nord, à l'abri de l'épidémie. Rien n'est plus triste que le séjour de la Nouvelle-Orléans pendant la durée de cette cruelle maladie dont les symptômes marchent avec la même célérité que ceux du choléra. Le visage de ceux qui en sont atteints devient noir du moment que la fièvre s'est déclarée; les traités se décomposent, et le malheureux Européen se voit bientôt abandonné de tout le monde : seul, sans parens, quelquefois privé de toutes ressources, il n'a personne pour recueillir le dernier soupir qu'il dirige vers la France sa patrie. L'aspect des victimes de l'épidémie offre quelque chose de si effrayant, qu'il n'est pas difficile de croire à la répugnance qu'éprouvent les Américains pour vous servir. Cependant l'on trouve aisément des négresses libres qui vous prennent chez elles et vous soignent dans votre maladie, mais elles ont soin de ne pas attendre que vous soyez morts pour vous débarrasser de tout ce que vous possédez en espèces et autres effets. S'il arrive par hasard que vous reveniez en santé, les mémoires des apothicaires, médecins, réunis à tant d'autres concernant divers achats de volailles pour consommés, etc., ne vous laissent absolument rien. Vous avez beau protester contre ces divers mémoires, c'est en pure perte. Il ne vous reste alors qu'à déguerpir, maudissant un médecin si cher, et que vous n'avez jamais vu, envoyant au diable l'apothicaire qui, quoique frotté des pieds à la tête, du vinaigre des quatre voleurs, se serait bien gardé de franchir le seuil de votre appartement. Enfin, comme Gil Blas, vous ne pouvez jamais vous persuader d'avoir fait une si ample consommation de bouillons, de crêmes et gelées, lorsque vous étiez sans connaissance.

Les Américains ont trouvé le moyen de tirer parti des ravages de l'épidémie. Il y a à la Nouvelle-Orléans des entrepreneurs de convois comme de bâtimens. On a la manie de traiter avec eux, même de son vivant, de sa propre pompe funèbre. Chaque rue a, pour le moins, un magasin meublé de toutes sortes d'ornemens mortuaires. Les cheveux se dressent sur la tête, en passant devant ces boutiques où sont en parade des cercueils de toutes les grandeurs. Les uns sont en bois d'acajou richement sculpté; d'autres sont peints et ferrés avec des clous en cuivre poli et à vis. J'ai vu plusieurs de ces bières dont l'intérieur était rembourré et recouvert d'un velours noir à damas. Le soir, ces magasins ont un endroit vitré au-dessus de la porte où sont en relief des têtes de morts, des ossemens en sautoir, propres à tenter ceux qui sont ennuyés de vivre.

CHAPITRE XV.

DÉPART DE LA NOUVELLE-ORLÉANS. — PARCOURS DES ÉTATS LE MISSISSIPI, LE TENESSÉE, L'INDIANA, LE KENTOKI, L'OHIO, LA PENSYLVANIE, NEW-GERSEY ET NEW-YORK.

C'était vers le milieu du mois de juin que je quittai la Nouvelle-Orléans. Je pris passage sur le stainboot l'Hirondelle. Nous fîmes 600 lieues en remontant le Mississipi jusqu'à l'embouchure de l'Ohio qui, en langue du pays, veut dire belle rivière. Pendant le cours de ce trajet, les bords du fleuve sont à peu près les mêmes que ceux dont j'ai déja parlé. A quatre-vingts lieues de la Nouvelle-Orléans, l'on trouve Natchitochès qui est une nouvelle colonie près de la Rivière-Rouge. Plus haut et à gauche, l'on voit le Natchèz, ville commerçante, bâtie sur un rocher à pic de cent pieds au-dessus des eaux du Mississipi.

De la Nouvelle-Orléans à New-York, en

traversant les états de l'union, l'on compte neuf cents lieues environ : comme j'ai fait la majeure partie de ce long trajet sur des bateaux à vapeur, je n'ai pu recueillir les notes qui m'eussent été nécessaires pour parler en détail des différentes colonies européennes établies sur les bords de l'Ohio, cette belle rivière, d'un cours de plus de quatre cents lieues. -- Voila en sommaire les distances des villes capitales que j'ai traversées jusqu'à New-York :

« De la Nouvelle-Orléans à Louisville « (Kentoki), 500 lieues; de Louisville à « Cincinnati, 150 lieues; de Cincinnati à « Pittburgh, 128 lieues; de Pittburgh à Phila- « delphie, 96 lieues que l'on fait en stége, « espèce de diligences en osier. » A cet endroit l'Ohio n'est plus navigable : pour la commodité des voyageurs, et afin d'étendre les rapports du commerce, l'on a fait un chemin de fer qui, de Pittburgh, va jusqu'à Philadelphie. L'on va de cette dernière ville à New-York par la voie de la mer; il y a une distance de trente-deux lieues que l'on parcourt en moins de dix heures, en stainboot.

Philadelphie est à quarante-cinq lieues de Washington, capitale des États-Unis, et à cent de Roston. Philadelphie est métropole de l'état de la Pensylvanie, et compte une population de plus de cent mille habitans. Ses rues sont droites et coupées à angles droits, il y en a dix-huit principales, dont deux surtout ont, sans exagération, cent pieds de largeur; elles sont toutes d'une forme parallélogramme. Ces rues sont traversées par à peu près le même nombre d'autres rues non moins bien alignées. Les maisons sont faites en briques avec des revêtemens de marbre blanc qui embellissent les vastes trottoirs qui bordent toutes les rues ferrées de cailloux et de briques. Une belle place publique avec un château-d'eau, est le cours fréquenté par les équipages et les gens à pieds. Philadelphie possède quatre banques, dont deux ont des édifices magnifiques, une bibliothèque et un riche cabinet d'histoire naturelle, une université avec une académie des sciences (arts), et près de cinquante imprimeries. Cette ville est renommée par ses fabriques de voitures de toutes sortes. Elle est la seule de l'union où l'on batte monnaie.

Philadelphie est à cent milles de l'Océan, entre deux rivières, la Délaware et la Schuylkill, dont la première, une des plus belles et des plus régulières du monde, est navigable pour les plus gros vaisseaux.

J'arrivai à New-York vers la fin de juin. Cette ville, qui donne son nom à tout l'état, est située à l'embouchure du fleuve Hudson, à l'extrémité de l'île Nanbatton, formée par les deux branches de cette rivière. C'est la ville la plus grande, la plus peuplée et la plus commerçante.

Je ne demeurai que peu de jours à New-York, au bout desquels je m'embarquai pour l'Europe, à bord du superbe paquebot le *Henri IV*, de la force de cinq cents tonneaux. Je ne saurais trop vanter la beauté de ce navire, ainsi que les commodités de son emménagement. Les officiers qui le commandent, à la qualité de marins consommés, joignent pour leurs passagers tous les égards et toutes les attentions que mérite leur état. Le prix du passage est de neuf cents francs. Chaque passager a son cabinet où est son lit, une table, une chaise. Il y a un magasin pour recevoir les malles et divers bagages des passagers. Une bibliothèque assez bien composée est à l'usage de tous les commensaux. Toutes les diverses cellules dont je viens de parler, forment le pourtour d'un vaste et superbe sallon décoré d'un ameublement somptueux. Tous les panneaux de la boiserie étaient remplacés par des glaces retenues dans des cadres richement sculptés; un escalier à limaçon, et tout de fer, conduisait sur le pont où était un vaste pavillon couvert d'une tenture imperméable : c'est ordinairement là que nous mangions. La vue de la mer, le sifflement des vents, le mugissement des vagues, joints au plaisir que l'on est toujours sûr de trouver au sein d'une société nombreuse et choisie, offraient durant nos repas un tableau aussi curieux que varié. —Nous étions trente-deux passagers, sans les officiers du bâtiment, assis trois fois par jour à la même table. Nous étions servis avec les mêmes soins, la même célérité que l'on trouve à Paris. La cuisine à la française ne laissait rien à désirer. Je me rappellerai toujours avec plaisir l'anniversaire des trois journées de juillet, que nous célébrâmes en mer. Depuis plusieurs jours on se disposait à cette fête par tous les préparatifs possibles à bord d'un navire : mais c'était surtout dans les ateliers de la cuisine, qu'il faisait beau voir le mouvement que chacun s'y donnait, depuis le maître-d'hôtel jusqu'au dernier marmiton. Le four, chauffé trois fois par jour, était rempli de gâteaux de Savoie, de tymbales, de pâtés chauds et froids, et d'excellens poudings. L'aurore de la journée du 27 nous fut annoncée par le bruit de toute l'artillerie que nous avions à bord ; le pavillon tricolore fut hissé en même temps que celui des États-Unis. Pendant ces trois journées favorisées d'un temps magnifique, ce fut une fête continuelle. Le stomachique Bordeaux, le Champagne pétillant et la salade aux ananas trempés dans le Madère, mettaient en verve chaque convive. Dans les toasts qui furent portés, les défenseurs des deux mondes ne furent pas oubliés. Les couplets succédaient aux santés, et par le moyen d'un porte-voix dont se servait fort adroitement un convive, il en tirait des sons qui, imitant une forte basse, allaient se perdre au loin avec les vagues écumantes.

CHAPITRE XVI.

UNE BALEINE. — ARRIVÉE AU HAVRE-DE-GRACE.

Nous n'étions pas fort éloignés du banc de Terre-Neuve, vers lequel le capitaine ne voulut se rapprocher nonobstant nos prières réitérées. Cet officier nous dit qu'outre qu'il lui était défendu de s'écarter de sa route, le voisinage de Terre-Neuve n'était pas sûr dans cette saison là, par rapport aux montagnes de glaces qui se détachaient, et que les eaux du Missouri chassaient au loin en pleine mer. Vers ce temps là, nous vîmes de très près une baleine qui montra à découvert une partie de son corps volumineux, et laissait sur le lieu de son passage un chemin qui ressemblait assez au sillage d'un navire. Enfin, le vent nous était tellement favorable, que déja nous étions dans la Manche, et tout nous faisait espérer la continuité de la même brise, jusqu'au Hâvre. Depuis quinze jours nous avions été poussés par le même vent; officiers et passagers étaient satisfaits d'une navigation aussi heureuse : les matelots surtout y trouvaient leur avantage, en ce que le temps n'avait nécessité aucun changement de manœuvre pendant ce laps de temps, ce qui est assez rare en mer.

Nous aperçûmes la terre vers le quinze d'août, et le vent nous y poussa si près que nous fûmes obligés de nous mettre en panne en attendant l'arrivée d'un pilote.

Si d'un côté nous sautions de joie en portant nos regards attendris vers cette terre natale, d'un autre côté nous éprouvions une peine intérieure en pensant que bientôt il faudrait se séparer. Je vous avouerai que pour ma part cette pensée me fatiguait d'autant plus, que nulle part les rapports et les liaisons s'établissent plus vite et d'une manière plus durable qu'à bord. Il en coûte toujours beaucoup lorsqu'il faut se quitter, souvent pour ne se revoir jamais.

Enfin, notre traversée avait été si courte

que nous étions étonnés d'arriver avant l'époque fixée par un calcul de mer. Avant notre débarquement, nous nous embrassâmes tous et nous nous fîmes des adieux qui peignaient d'une manière touchante les regrets que nous éprouvions en nous quittant. Je montai en diligence le lendemain, et fis un séjour à Paris, qui me dédommagea amplement de ma longue privation des nouvelles politiques de notre gouvernement.

FIN.

Table.

FIN DE LA TABLE.

www.ingramcontent.com/pod-product-compliance
Lightning Source LLC
LaVergne TN
LVHW020424230826
846091LV00004B/1402
* 9 7 8 2 0 1 3 6 6 9 1 3 9 *